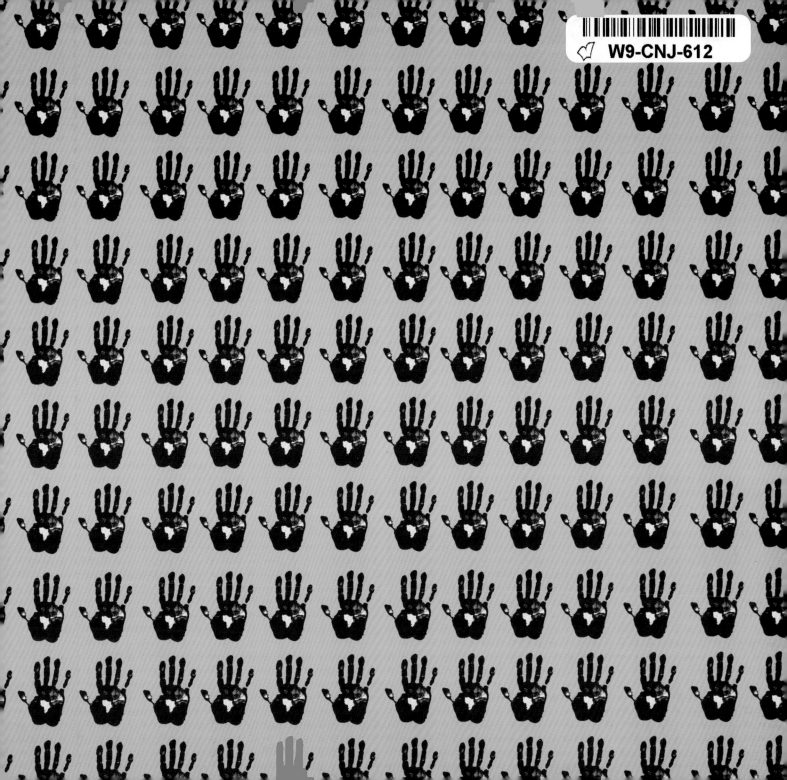

Nelson Mandela

ISBN 980-388-209-0
Depósito Legal: lf5452005920907
Colección Arcadia N° 37
2006

Investigación y redacción del texto principal: Yolanda Pantin.
Investigación y redacción de los textos complementarios: Rafael Atías,
Leroy Gutiérrez y Carlos Ortiz.
Investigación gráfica: Blanca Strepponi,
Joanna Gutiérrez y Rafael Atías.
Diseño gráfico e ilustraciones: Victoria Araujo y Myrian Luque.

Edición al cuidado de Joanna Gutiérrez Rojas y Leroy Gutiérrez.
© Del texto principal, de los textos complementarios y de la concepción
gráfica: Editorial CEC, SA.
Preprensa e impresión: Editorial Arte.
Impreso en Venezuela.

Editorial CEC, SA
RIF: J-304488009

LOS LIBROS DE
EL NACIONAL

www.libroselnacional.com.ve
libros@el-nacional.com
Apartado postal 209, Caracas 1010-A
Venezuela

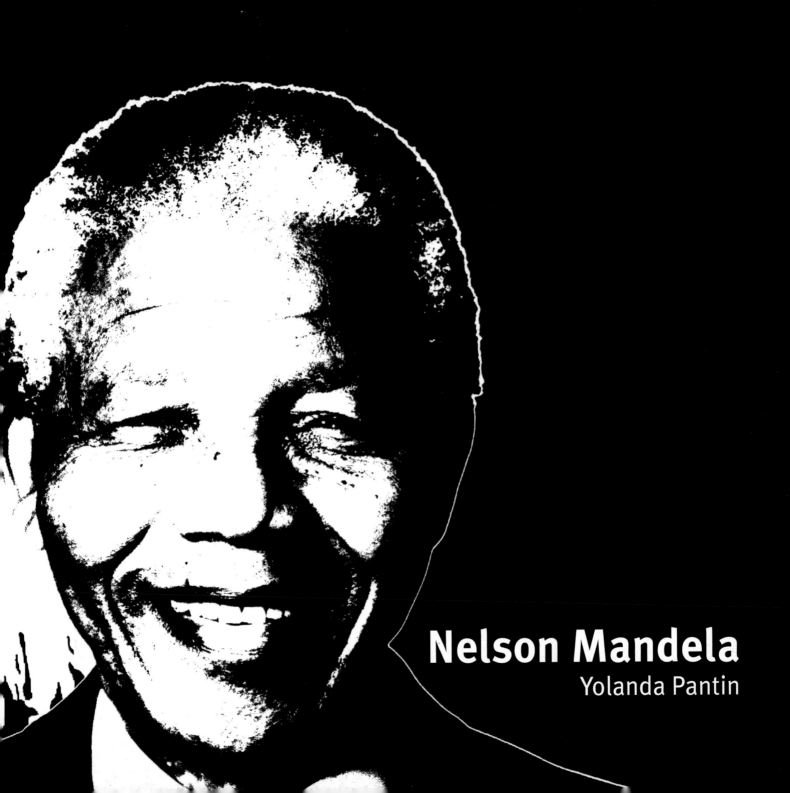

Nelson Mandela

Yolanda Pantin

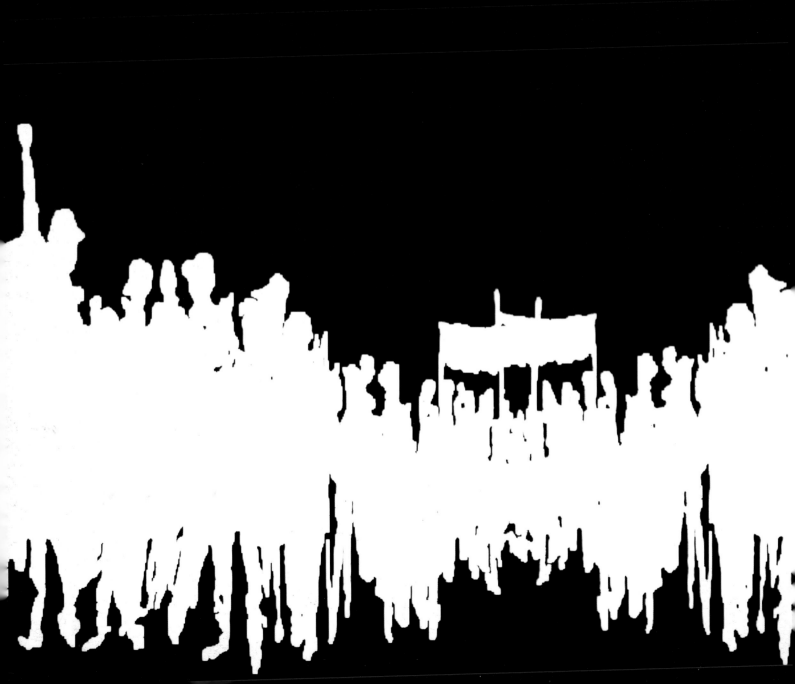

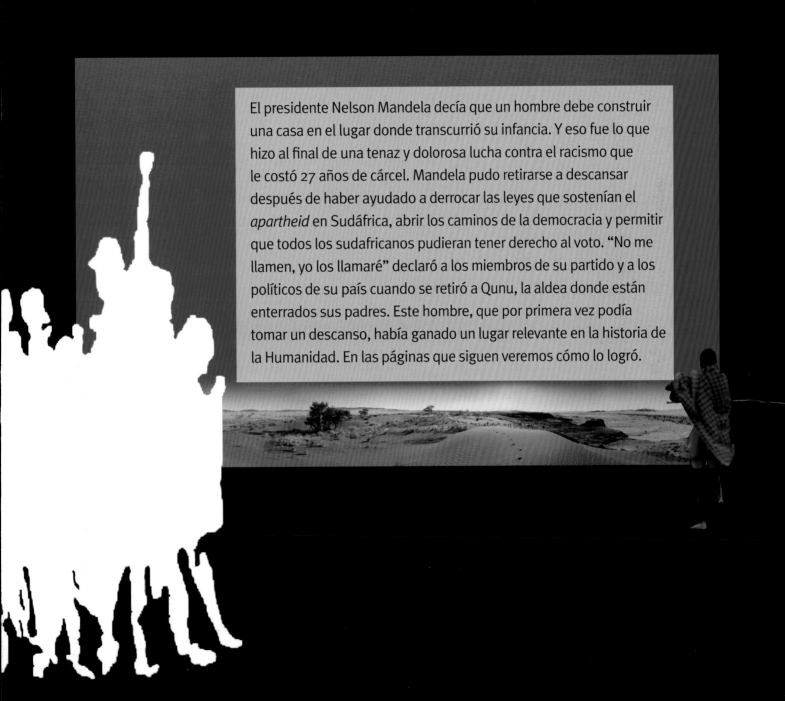

El presidente Nelson Mandela decía que un hombre debe construir una casa en el lugar donde transcurrió su infancia. Y eso fue lo que hizo al final de una tenaz y dolorosa lucha contra el racismo que le costó 27 años de cárcel. Mandela pudo retirarse a descansar después de haber ayudado a derrocar las leyes que sostenían el *apartheid* en Sudáfrica, abrir los caminos de la democracia y permitir que todos los sudafricanos pudieran tener derecho al voto. "No me llamen, yo los llamaré" declaró a los miembros de su partido y a los políticos de su país cuando se retiró a Qunu, la aldea donde están enterrados sus padres. Este hombre, que por primera vez podía tomar un descanso, había ganado un lugar relevante en la historia de la Humanidad. En las páginas que siguen veremos cómo lo logró.

La colonización europea de Sudáfrica

Los arrojados marinos portugueses fueron los primeros europeos en llegar a Sudáfrica en el siglo XV. Pero los portugueses no estaban interesados en colonizar El Cabo de Buena Esperanza, al sur de este continente, sino en establecer bases para abastecer sus barcos de agua y de alimentos en su largo viaje a India.

El establecimiento de una estación para los viajeros comenzó el 6 de abril de 1652 cuando tres barcos de la Compañía Holandesa de las Indias Orientales atracaron al este de El Cabo de Buena Esperanza y fundaron Ciudad de El Cabo. Para colonizar el territorio, la Compañía trajo de Europa a un grupo de granjeros holandeses y alemanes (*boers*, en holandés). Más tarde, a los bóers se sumó un grupo de cristianos protestantes franceses, expulsados de su país por causa de su religión.

Mapa de Sudáfrica elaborado por la Compañía Holandesa de las Indias Orientales. Además de establecer una colonia en Sudáfrica, Holanda colonizó diferentes países de Asia y del Pacífico.

El revoltoso Rolihlahla

Gadla Henry Mphakanyiswa, descendiente de la casa real, era el jefe del clan Madiba de los thembu en Mvenzo, y como tal debía rendir cuentas a su soberano y al comisario de la colonia. Un altercado con este último hizo que Gadla Henry perdiera la jefatura de su clan y con ello todos sus privilegios. Así, su familia, formada por dos esposas y varios hijos, tuvo que mudarse de aldea en 1919. Una de las esposas se mudó a Qunu junto con sus hijos, entre ellos Rolihlahla, de 1 año de edad.

En Qunu, una pequeña aldea de pastores thembu, Rolihlahla se sentía protegido. Todo su mundo eran las colinas donde pastaba el ganado y se recolectaba la cosecha de maíz o de sorgo que las mujeres atendían mientras sus esposos trabajaban en las minas lejos de sus casas.

El pasatiempo favorito de Rolihlahla, nombre que en xhosa significa "arrancar la rama de un árbol" y alude a un "revoltoso", era escaparse de noche con sus amigos, robar mazorcas de maíz y asarlas en una hoguera que iluminaba con pálidas luces y destellos el *veld* (el campo) africano.

Rolihlahla era un niño muy inteligente y fue enviado a la escuela de la misión por recomendación de algunos amigos de la aldea. Esto fue todo un acontecimiento porque era el primer miembro de su familia que asistía a una escuela. Al llegar a la escuela la vida de Rolihlahla, que tenía entonces 7 años, comenzó a cambiar: el primer día de clases la maestra, una misionera, le dio el nombre cristiano de Nelson; el nombre con el que se le conocería de allí en adelante.

Como sus esposas vivían en aldeas diferentes, Gadla Henry debía viajar constantemente para atenderlas a ambas. Cada tanto llegaba con sus cuentos para alegrar a su familia mientras fumaba su pipa. Pero la última vez que el padre de Nelson fue a Qunu se postró en la esterilla sobre el suelo de tierra y no volvió a levantarse. Henry había contraído una enfermedad y como nunca fue al médico no se sabía lo que tenía. Antes de morir pidió que le encendieran su pipa y aspiró unas cuantas bocanadas.

La muerte del padre terminó de cambiar la vida del niño por completo.

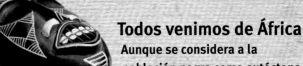

Todos venimos de África

Aunque se considera a la población negra como autóctona de Sudáfrica, en realidad sus ancestros provienen del centro de África. Estos pueblos, conocidos como pueblos bantúes, iniciaron una migración hacia el sur del continente cerca del año 2000 a.C., llegaron a Sudáfrica 1000 años después y están divididos en muchos grupos: los mguni, los swati, los zulúes, los mfengu, los sotho, los thembu, los xhosa y otros más. Aunque los thembu, la tribu de Mandela, no son xhosas fueron asimilados por estos.

Cuando los bantúes llegaron al sur de África desplazaron a los pobladores originales de esa parte del continente, los bosquimanos y los hotentotes. En la actualidad estas tribus africanas viven en el desierto del Kalahari y encuentran su sustento a través de la caza y la recolección.

Los fósiles humanos más antiguos han sido encontrados en África, por lo cual los científicos afirman que toda la humanidad proviene de este continente. Estudios genéticos de pueblos de todo el mundo apoyan esta conclusión y muestran que los bosquimanos de Sudáfrica tienen uno de los linajes más antiguos de la humanidad. Se cree que este pueblo es anterior a la raza negra.

Mujer bosquimana. Este pueblo vive actualmente en el desierto del Kalahari y otras áreas remotas. Sus integrantes se encuentran dispersos en tres países diferentes: Sudáfrica, Botswana y Namibia.

Llegan los británicos

Gran Bretaña decidió tomar el control de ciudad de El Cabo en 1814. Con el paso del tiempo fue aumentando la población británica en las ciudades y los bóers quedaron relegados al campo, dedicándose sobre todo a la agricultura y la ganadería.

En 1833 la Corona británica abolió la esclavitud en todo su imperio. Cuatro años más tarde, en 1837, casi 10.000 familias bóers, dueñas de una enorme cantidad de esclavos, iniciaron una gran migración (el Gran Trek) muy lejos del dominio inglés, hacia el norte y el noreste, con sus esclavos y su ganado. Así nacieron dos Estados independientes: las repúblicas de Orange y de Transvaal.

Isabel II es la reina de Gran Bretaña y la jefe de la Commonwealth. En 1947, mucho antes de convertirse en reina, la princesa Isabel visitó Sudáfrica junto con su familia.

Sin embargo, previendo su desenlace, Mphakanyiswa había tenido la precaución de delegar la patria potestad de Nelson al rey de los thembu que vivía en Mqhekezweni, el Gran Lugar, la capital de Thembulandia.

La llegada al Gran Lugar

Mqhekezweni deslumbró a Nelson, que ahora tenía 9 años. Nelson llegó hasta allí acompañado por su madre, que no dijo una palabra durante el largo viaje a pie por aquellas colinas. Al despedirse fue igualmente parca, pero logró hacerle entender a su hijo que lo que hacía era por su bien. El Gran Lugar era al mismo tiempo el hogar del rey de los thembu y una misión metodista en la que había una iglesia y una escuela. A Nelson todo aquello le parecía extraordinario, tanto que confundió el modesto Ford V8 que usaba el rey con un enorme y lujoso automóvil.

Cuando no asistía a la escuela, Nelson se colaba en las reuniones periódicas que el rey tenía con los jefes de las tribus de su reino. En esas reuniones todos tenían derecho a expresarse y a dar parte de sus quejas. Las sesiones no se levantaban hasta que no se llegaba a un acuerdo, así fuese el acuerdo de suspenderlas. Acababan por unanimidad o no acababan. Lo que sí era seguro era que la minoría no podía ser aplastada por la mayoría: todos tenían los mismos derechos.

En uno de esos encuentros Nelson escuchó el amargo reclamo de un viejo consejero del rey que se quejaba del maltrato que infligía a su pueblo la "gran reina blanca". El hombre blanco había dicho a los thembu que su verdadero jefe era la gran reina blanca que vivía al otro lado del océano y que ellos eran sus súbditos. Pero la reina blanca no había traído más que miseria y perfidia para los pueblos negros, y si de verdad era un jefe, era un jefe malvado. En esas reuniones el rey actuaba con cautela y sabiduría. Viéndolo, Nelson aprendió que un buen líder va igual que un pastor detrás de su rebaño, permitiendo que los más ágiles vayan delante y que los demás sean conducidos por el mejor camino sin que se den cuenta.

Se hizo la guerra

El descubrimiento de los yacimientos de oro y de diamantes en las nuevas repúblicas despertó el interés de los británicos, quienes tuvieron que pelear contra los bóers y también contra los ejércitos de Shaka Zulú. Shaka, gran rey de los zulúes y fundador de un imperio a principios del siglo XIX, expulsó de sus tierras a los otros pueblos africanos y éstos, a su vez, se enfrentaron con los europeos. No obstante, para finales del siglo XIX, los pueblos autóctonos dejaron de ser una amenaza para los colonos.

Posteriormente, en 1899, estalló una guerra entre los bóers y los británicos que se prolongó por 3 años, cuando aquellos fueron derrotados y todo el territorio sudafricano pasó a manos de la Corona británica. Sin embargo, en 1910 Gran Bretaña le concedió el autogobierno a la llamada Unión Sudafricana, posteriormente República de Sudáfrica.

Antiguo guerrero zulú. A pesar de ser guerreros temibles, los zulúes fueron vencidos por los británicos.

El *Apartheid*

En Sudáfrica el gobierno blanco creó el régimen del *apartheid*, término que en español significa "separación".
La separación entre las razas se llevó a cabo por medio de diferentes medidas. Por ejemplo, la ley clasificaba a los sudafricanos en 4 grupos raciales, cada uno con diferentes privilegios: blancos, colorados, hindúes y negros. Se consideraban blancos a las personas de origen británico y holandés; colorados a los hijos de blancos y negros o de blancos y esclavos traídos de Indonesia; hindúes a los descendientes de los trabajadores venidos de India; y negros a los pobladores autóctonos del país. Los blancos gozaban de la mejor educación y salud públicas; mientras que los negros, que conformaban el 80% de la población sudafricana, vivían en las peores condiciones. En medio se encontraban los colorados y los hindúes, quienes a pesar de disfrutar de una mejor educación, salud pública y empleo que los negros, no podían acceder al nivel de vida que tenían los blancos.

Un mundo protegido se quiebra

Pero Nelson no estaba allí para escuchar lo que decían los mayores, sino para servir a su pueblo. Como parte de la familia real su destino era ser consejero del rey y para ello tenía que formarse. De manera que completó su educación en los centros misioneros de Clarkebury y Healdtow, y en el College de Fort Hare donde se formaba a la élite africana.

En Fort Hare tuvo un primer despertar de su conciencia al escuchar a un notable poeta xhosa, Krune Mqhayi. Mqhayi incendió los corazones de los jóvenes leones cuando les dijo que las tierras del continente habían sido ocupadas a la fuerza por intrusos y que correspondía a los hijos de África recuperarlas. En su arenga, el poeta le dio a entender a los muchachos que ellos eran parte de una sola nación y que sus problemas eran los de todos los africanos. Así, por primera vez en su vida, Nelson tuvo conciencia de pertenecer a un continente. Luego, el poeta recitó un poema en el que identificaba a las naciones del mundo de acuerdo a las constelaciones. Al final, Mqhayi invocó a su pueblo: "¡Oh Casa de Xhosa, es tu turno! A ti te doy la estrella más importante y trascendente, el Lucero del Alba, por ser un pueblo poderoso y lleno de orgullo. Es la estrella que sirve para contar los años, los años de hombría".

Aunque el poeta, al exaltar al pueblo xhosa, contradecía la idea de África como una sola nación, Nelson no pudo evitar conmoverse al escucharlo. Empezó entonces a interesarse por conocer la historia de los heroicos guerreros que resistieron la invasión de los europeos.

El mundo protegido en las misiones protestantes, donde cada cual tenía un lugar de acuerdo a la rígida jerarquía colonial, se quebró muy pronto. Además, preocupado por asegurar su descendencia y siguiendo las costumbres ancestrales, el rey había concertado las bodas de su hijo mayor y de su protegido, Nelson. Ante la inminencia de la celebración, y horrorizados por aquella decisión que los comprometía para siempre y les arrebataba la libertad, los jóvenes huyeron a Johannesburgo, la capital de Sudáfrica.

Una persona de una raza determinada, especialmente en el caso de los negros, necesitaba un permiso de la policía para entrar en una zona o pueblo de una raza diferente a la suya. Por otra parte, se dictaron leyes que prohibían el matrimonio interracial y que establecían playas, autobuses, escuelas y universidades para las diferentes razas.

Sin embargo, la medida más importante fue la creación de "bantustanes", pequeños Estados más o menos independientes del gobierno blanco, donde la población negra fue ubicada de manera forzada. De este modo las personas residentes en los bantustantes se convertían en ciudadanos de esos Estados y perdían la ciudadanía sudafricana. El propósito de esta reubicación era que la minoría blanca de Sudáfrica se transformara en la mayoría de la población del país.

Actualmente las leyes sudafricanas consagran la igualdad de los ciudadanos ante la ley sin importar el color de su piel.

Johannesburgo, el lugar del oro

La llegada a Johannesburgo o Egoli, el lugar del oro, significó para Nelson un choque tremendo con la realidad. El inquieto muchacho se vio obligado a seguir los pasos de la inmensa mayoría de los africanos: trabajar en las minas en las peores condiciones con la ilusión de ser independiente.

El paisaje que se presentó antes sus ojos le recordó a un campo devastado por la guerra. Atrás quedaba el hermoso paisaje de su aldea, su madre, sus hermanos, las aulas de las escuelas y de los colegios, sus amigos y sus maestros en las misiones.

Lo que tenía por delante era el espectáculo de una vida ciertamente miserable que se prolongaba más allá de los ricos yacimientos, en los *twonships* donde vivía hacinada la población negra. En las minas los administradores separaban a los trabajadores según las tribus de su procedencia, presagiando lo que sería más tarde una política de Estado. En todo caso, los mineros sobrevivían al duro trabajo ahorrando lo que podían para mantener a sus familias en el campo,

Estatua de minero en California, Estados Unidos. California fue colonizada en buena medida como resultado de una fiebre del oro que empezó a mediados del siglo XIX.

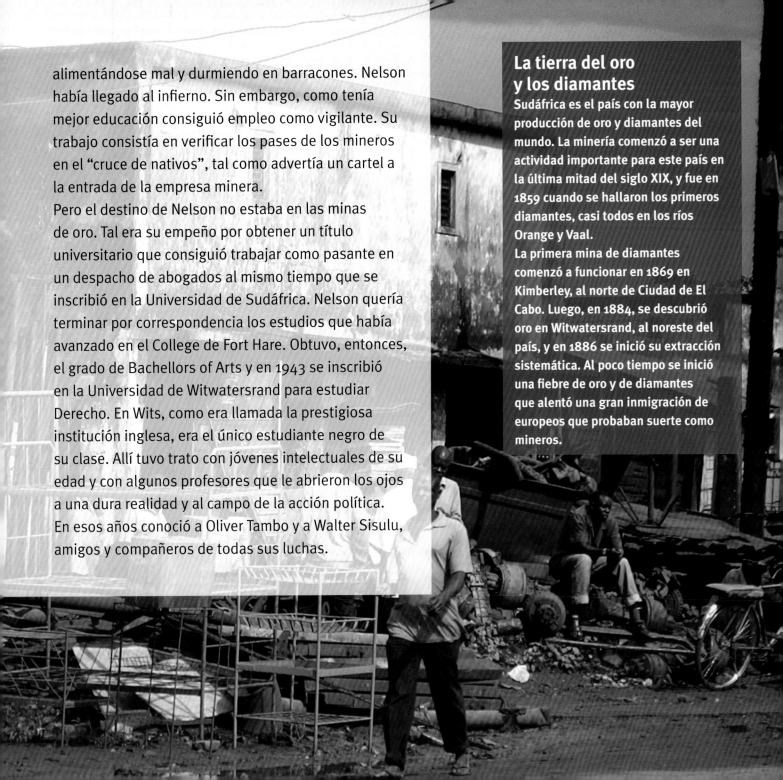

alimentándose mal y durmiendo en barracones. Nelson había llegado al infierno. Sin embargo, como tenía mejor educación consiguió empleo como vigilante. Su trabajo consistía en verificar los pases de los mineros en el "cruce de nativos", tal como advertía un cartel a la entrada de la empresa minera.

Pero el destino de Nelson no estaba en las minas de oro. Tal era su empeño por obtener un título universitario que consiguió trabajar como pasante en un despacho de abogados al mismo tiempo que se inscribió en la Universidad de Sudáfrica. Nelson quería terminar por correspondencia los estudios que había avanzado en el College de Fort Hare. Obtuvo, entonces, el grado de Bachellors of Arts y en 1943 se inscribió en la Universidad de Witwatersrand para estudiar Derecho. En Wits, como era llamada la prestigiosa institución inglesa, era el único estudiante negro de su clase. Allí tuvo trato con jóvenes intelectuales de su edad y con algunos profesores que le abrieron los ojos a una dura realidad y al campo de la acción política. En esos años conoció a Oliver Tambo y a Walter Sisulu, amigos y compañeros de todas sus luchas.

La tierra del oro y los diamantes

Sudáfrica es el país con la mayor producción de oro y diamantes del mundo. La minería comenzó a ser una actividad importante para este país en la última mitad del siglo XIX, y fue en 1859 cuando se hallaron los primeros diamantes, casi todos en los ríos Orange y Vaal.

La primera mina de diamantes comenzó a funcionar en 1869 en Kimberley, al norte de Ciudad de El Cabo. Luego, en 1884, se descubrió oro en Witwatersrand, al noreste del país, y en 1886 se inició su extracción sistemática. Al poco tiempo se inició una fiebre de oro y de diamantes que alentó una gran inmigración de europeos que probaban suerte como mineros.

AFRICAN NATIONAL CONGRESS

Cartel con los símbolos del Congreso Nacional Africano. La lanza y el escudo significan la lucha de los africanos contra la discriminación racial, la rueda simboliza la unión de las diferentes razas en la lucha por la igualdad y el puño que sostiene la lanza simboliza al pueblo unido en su lucha por la libertad.

El Congreso Nacional Africano

Así como Wits, Johannesburgo fue una escuela para Nelson, la escuela de la vida. Aquel joven apuesto y elegante, miembro de una familia real, mejor estudiante, líder natural, vivió en la miseria, comiendo lo que podía y estudiando de noche bajo la luz de una vela. Él mismo era un "John", como llamaban los blancos a todos los negros sin distinción alguna. Cuántas veces no fue humillado, cuántas veces no sufrió en carne propia el desprecio a su pueblo. No podía quedarse con los brazos cruzados, tenía que hacer algo...

Los partidos políticos y el poder en Sudáfrica

Cuando en 1909 la Corona británica le otorgó la autonomía a Sudáfrica, ésta se constituyó como la Unión Sudafricana. Un año más tarde, dos partidos lideraban las elecciones generales: el Partido Sudafricano (PS), que promovía la cooperación entre los descendientes de los británicos y los bóers; y el Partido Unionista (PU), pro-británico y conservador.

En esa ocasión, el PS salió ganador y dirigió el país hasta la intervención militar de 1922. Dos años más tarde el Partido Nacional (PN), escindido del PS en 1914, ganó las elecciones llevando adelante una política más radical y conservadora.

Con el advenimiento de la gran depresión de los años 30, el gobierno del PN se vio obligado a formar una coalición con el PS conocida como el Partido Unido, que gobernó desde 1934 hasta 1948.

Desde esa fecha hasta 1994 el país fue dirigido por el PN, que estableció el *apartheid* y defendió la supremacía de la minoría blanca. Fueron años en que uno de los principales partidos opositores, el Congreso Nacional Africano (CNA), fundado en 1912 para defender los derechos de los negros, fue perseguido e ilegalizado. Sólo cuando Mandela, dirigente del CNA, salió en libertad, se levantó el veto y el partido volvió a la actividad política. En 1994

el CNA ganó las elecciones y ha gobernado el país desde entonces.

Tras su derrota, el PN se unió al CNA, junto con el partido Inkatha de los zulúes, para respaldar la gestión del nuevo Presidente, conocida como Gobierno Nacional Unido. De esta manera, el PN se convirtió en el segundo partido más importante de Sudáfrica.

En 1997 el PN se retiró de la alianza y se relanzó como el Nuevo Partido Nacional (NPN), convirtiéndose en el

Gracias a un compañero de trabajo, Nelson estableció contacto con algunos miembros del Partido Comunista y del Congreso Nacional Africano (CNA), una organización política fundada en 1912 cuyo objetivo era conseguir que los derechos civiles de los africanos fuesen reconocidos por el Estado. Conversando con ellos Nelson entendió que la discriminación que padecían los negros en Sudáfrica era puramente racial y no se correspondía con la lucha de clases como afirmaban sus amigos marxistas del Partido Comunista. Fue entonces cuando decidió inscribirse en el CNA y no hacerse comunista.

principal partido de oposición. Después de su derrota en las elecciones de 2000 ante el CNA, el NPN formó la Alianza Democrática (AD) con el Partido Democrático y la Alianza Federal. En 2001 el NPN se retiró de la Alianza Democrática y en 2004 tomó la decisión de unirse al CNA. Finalmente, el 9 de abril de 2005, el NPN fue desmantelado. La AD, por su parte, se mantiene como un partido de oposición. Otros partidos sudafricanos son el Congreso Panafricano, disidente del CNA desde 1959; y el Frente Minoritario, que representa a la minoría hindú del país.

La segregación racial y el racismo

Todos hemos oído hablar alguna vez sobre el racismo o la discriminación racial. El racismo comienza con la idea de que una raza es superior a otra. Sin embargo, la segregación racial está un paso más allá del racismo y comienza cuando un Estado establece leyes que obligan a las personas de diferentes razas a vivir separadas, a asistir a diferentes escuelas y a diferentes hospitales, a abordar diferentes autobuses, comer en diferentes restaurantes o comprar en diferentes tiendas. Aunque en muchos países pueden encontrarse manifestaciones de racismo más o menos aisladas, algunos países han destacado como ejemplos de segregación racial, como Estados Unidos o la Alemania nazi.

Protesta contra la segregación racial en las escuelas de Estados Unidos. La segregación entre negros y blancos en el sur de este país se extendía también a los autobuses, tiendas y restaurantes.

Se inicia la lucha

Nelson no sabe precisar cuándo decidió entregarse en cuerpo y alma a la lucha política, pero el encuentro con Anton Lembede en 1943 fue definitivo. Doctor en Arte y licenciado en Derecho, Lembede era uno de los pocos africanos que ejercía la abogacía en Sudáfrica. Como panafricanista, Lembede privilegiaba el ser africano antes que el pertenecer a alguno de los diferentes pueblos y naciones del continente. Al escucharlo, Nelson no pudo dejar de recordar la arenga del poeta xhosa. No cabía dudas: la lucha era común. Con el mismo Lembede, Walter Sisulu, Oliver Tambo y otros compañeros, Nelson creó en diciembre de 1944 la Liga de la Juventud del CNA con la idea de transformar la respetable organización en un partido de masas.

Nelson tenía que unir a su pueblo para poder derrocar la supremacía de los blancos y establecer una verdadera democracia. De una cosa estaba seguro: la liberación de los pueblos africanos debía ser conducida por las víctimas de la política de discriminación refrendada por las leyes. Solo ellos podían entender el significado y el valor de su lucha para poder llevarla hasta el final.

En esos años Nelson conoció a la que sería su primera esposa, Evelyn Mase, una enfermera con quien tuvo cuatro hijos. Aunque Nelson se esforzaba por ser un buen padre, la causa de su pueblo exigía de él más tiempo del que podía darles, lo que no impedía que su hijo mayor, Thembi, lo acompañara a sus prácticas de boxeo en un club cercano.

Músculos y moral

Mandela heredó de su padre un carácter tenaz y decidido que le imprimió una energía especial a su personalidad. Por su parte, la práctica diaria del boxeo preparó su cuerpo para lo que vendría. Así, a la entereza moral del visionario, se sumó la resistencia física del atleta.

Christiaan Barnard.

Sudáfrica fue conocida en todo el mundo por el *apartheid* y por sus avances científicos. Destaca sobre todo el médico sudafricano Christiaan Barnard, quien realizó en 1967 el primer trasplante de corazón de la historia. A pesar de que el paciente murió 18 días después, la cirugía realizada por Barnard revolucionó la medicina e impresionó al mundo entero.

Desafío a las leyes injustas

En 1946 ocurrió la primera huelga de mineros en Sudáfrica. Pero los 70.000 trabajadores que pedían mejoras salariales fueron ferozmente reprimidos por el gobierno. Ese año el gobierno de Jan Smuts aprobó la Ley de Posesión y Ejercicio de Actividades de los Asiáticos. Conocida como Ley del Gueto, esta ley premonitoria del *apartheid*, limitaba la libertad de los indios (hindúes) restringiendo los lugares donde podían vivir y las actividades a las que se podían dedicar. La respuesta de la población afectada sirvió como ejemplo para las futuras acciones del CNA. Y es que anteriormente los indios, liderados por Mahatma Gandhi, habían protagonizado las primeras protestas en Sudáfrica contra el imperio británico, por lo que tenían experiencia y estaban bien organizados.

En ese clima de efervescencia política, búsquedas, reivindicaciones y anhelos de libertad, cayó sobre el pueblo oprimido otra condena. Para sorpresa y horror de los africanos, las elecciones generales de 1948 las ganó el Partido Nacional, al frente del cual estaba el ideólogo del *apartheid*, Daniel Malan.

La campaña de Malan había sido promovida por dos lemas: "El negro en su lugar" y "fuera los *coolies* del país" (*coolie* es la forma despectiva de llamar a los hindúes).

Malan triunfó contra el Partido Unido, de orientación liberal, liderado por el general Jan

Cartel del CNA. Aunque fue elaborado después de la liberación de Mandela, casi 40 años después de la Campaña de Desafío, aún era necesario eliminar las leyes racistas en Sudáfrica.

REMOVE ALL REPRESSIVE LAWS NOW!

DANIEL MALAN (1874-1959)
Fue sacerdote de la Iglesia Holandesa Reformada, ministro del Interior, Educación y Salud Pública. Posteriormente, Primer Ministro de la Unión Africana. Se opuso a que Sudáfrica enfrentara a Alemania durante la Segunda Guerra Mundial. Promulgó una serie de reformas legales que restringían los derechos de los negros en Sudáfrica, las cuales constituyeron las bases del apartheid.

Christiaan Smuts. La doctrina liberal del Partido Unido fue sustituida por el radical nacionalismo del partido de Malan, alentado por la Iglesia Reformista Holandesa que consideraba a los bóers como el pueblo elegido para dirigir los destinos de Sudáfrica.

Nelson surgió como líder natural promoviendo por todo el país la Campaña de Desafío de las Leyes Injustas durante 1952. Nelson viajó a través de Sudáfrica muchas veces, todas las veces que hizo falta, para convencer y alertar acerca de la urgencia de refrenar el conjunto de leyes que marginaba a la mayoría; entre las más ofensivas de ellas estaba la obligatoriedad de llevar el "pase de nativos", un salvoconducto sin el cual los negros no podían circular libremente por Sudáfrica.

Esta serie de protestas pacíficas llevaron a la cárcel a más de 8.000 personas, muchas de las cuales eran mujeres. A pesar de todo, Nelson, inspirado por Gandhi, no quería promover la violencia. Y era tal su fuerza y su prestigio que ese mismo año fue elegido vicepresidente del CNA, el partido liderado por Albert Luthuli.

En uno de sus viajes por el país Nelson se acercó a la aldea donde vivía su madre, a quien no veía desde hacía mucho tiempo, más del que hubiese deseado. Al verla sumida en la pobreza tuvo una duda: si continuar en su lucha política o ser un abogado exitoso para poder sostener a su familia y darle todo lo que ella necesitara.

"Todos los seres humanos nacen libres e iguales en dignidad y derechos y, dotados como están de razón y conciencia, deben comportarse fraternalmente los unos con los otros".

Artículo 1 de la Declaración Universal de los Derechos Humanos.

JAN CHRISTIAAN SMUTS (1870-1950)
Estudió Derecho en la Universidad de Cambridge, peleó del lado de los bóers durante la guerra contra los británicos. Posteriormente participó del lado británico en la Primera Guerra Mundial. Líder del Partido Unido, fue Primer Ministro de Sudáfrica en dos oportunidades. Intentó reformar las leyes que violaban los derechos de los negros, pero fue derrotado en las elecciones de 1948 por Daniel Malan, del Partido Nacional.

El peligroso Nelson

En 1953, con la excusa de la lucha contra la pobreza, el gobierno decretó la erradicación forzosa del barrio de Sophiatown, en Johannesburgo, y la reubicación de los numerosos habitantes, todos negros, en otro lugar de acuerdo a una clasificación de siete grupos étnicos. La orden se cumplió el 9 de febrero de 1955 desnudando la crueldad del *apartheid* y su desprecio por el ser humano. Fue entonces cuando Mandela aprendió una lección: el opresor es el que define la naturaleza de la lucha. A partir de un determinado momento, decía, solo es posible combatir el fuego con el fuego. Para ese entonces y debido a su liderazgo en la Campaña de Desafío de las Leyes Injustas, Nelson fue proscrito a Johannesburgo y obligado a renunciar a la vicepresidencia del CNA. Durante dos años se le prohibió asistir a cualquier mitin o encuentro político. Haciéndole honor a su nombre xhosa, Rolihlahla había arrancado la rama de un árbol creando un gran revuelo. Se había transformado en un hombre peligroso para el Estado... Ahora Nelson dirigía a su gente desde la sombra, actuando de noche.

La Ley de Educación Bantú movilizó de nuevo al pueblo que realizó protestas pacíficas y boicots al gobierno. Hasta ese momento la educación de los africanos estaba a cargo de las misiones de las distintas iglesias que seguían un plan de estudios igual al de las escuelas y colegios de los niños blancos. Pero el Partido Nacional tenía una

HENDRIK VERWOERD (1901-1966)
Primer ministro de Sudáfrica entre 1958 y 1966. Editó un periódico en afrikáans antes de ser elegido senador en 1948 por el Partido Nacional. Ministro de Asuntos Indígenas. Principal impulsor de la legislación del *apartheid*. Fue nombrado primer ministro de Sudáfrica y apoyó el establecimiento de los bantustanes. Ilegalizó al CNA e impulsó la sentencia a cadena perpetua de Mandela. Asesinado en 1966 por un extremista blanco que consideraba que Verwoerd no trataba a la población negra con mano de hierro.

idea diferente de lo que debía ser la educación de los negros. La nueva ley obligaba a las misiones a ceder sus colegios al gobierno. Según Hendrik Verwoerd, autor de la ley, la escuela debía "preparar y enseñar a la gente de acuerdo a sus oportunidades en la vida", lo que en la práctica significaba negar el acceso de la población negra a la educación formal y a elegir libremente según los intereses personales y la vocación. Los misioneros, salvo algunas excepciones, cedieron ante la presión del gobierno y el control de las escuelas religiosas pasó a manos del detestado Departamento de Asuntos Nativos. Aunque las protestas no condujeron más que a la claudicación ante la fuerza, motivaron a que un mayor número de personas se politizaran y se sumaran a la lucha. Nelson fue acusado de dirigir las acciones en contra del gobierno.

Un año después, en 1956, Nelson y otros 156 líderes del movimiento negro fueron sometidos a un juicio que los incriminaba por la Campaña de Desafío de las Leyes Injustas, la resistencia al desalojo de Sophiatown y la convocatoria y organización del Congreso de los Pueblos. El juicio se prolongó durante cinco años y sirvió de plataforma política a los incriminados. Para entonces Nelson, que se había divorciado de su primera esposa, conoció a Nkosikazi Nonzamo Winnifred Madikizela, Winnie, de quien se enamoró a primera vista y con quien se casó en 1958.

La Carta de la Libertad (*The Freedom Charter*). En el Congreso de los Pueblos se reunieron líderes sudafricanos de diferentes razas y elaboraron *La Carta de la Libertad*, en la cual declaraban que Sudáfrica debía ser una democracia multirracial.

THE FREEDOM CHARTER

Published by the African National Congress

Logo de *Umkohnto we Sizwe*, Lanza de la Nación. Mandela fundó este movimiento guerrillero porque pensó que, a través de la no violencia, no se impondrían cambios en Sudáfrica.

Nombre código: Pimpinela negra

Pero los acontecimientos continuaron sucediéndose y el 21 de marzo de 1960 ocurrió la matanza de Sharpeville, otro de los barrios de negros de Johannesburgo. En aquella ocasión la policía disparó contra los manifestantes, asesinando a 68 de ellos. El mundo estaba horrorizado.

Seguidamente, el CNA fue declarado ilegal por lo que todos sus líderes pasaron a la clandestinidad, mientras algunos, como su presidente de entonces, Oliver Tambo, se fueron al exilio. Nelson prefirió quedarse. Durante casi dos años vivió en las sombras, la mayoría de las veces disfrazado de chofer o de jardinero. Su misión era crear *Umkhonto we Sizwe*, Lanza de la

OLIVER TAMBO
Dirigente del CNA entre 1960 y 1991. Junto a Mandela abrió el primer bufete de abogados negros de Sudáfrica para defender a los pobres y a las víctimas de las arbitrariedades del *apartheid*. Por otra parte, fue miembro fundador de la Liga de la Juventud del CNA, que convirtió a este pequeño partido en un movimiento de masas. Una vez en el exilio, inició una campaña internacional contra el gobierno racista de Sudáfrica y consiguió apoyo financiero y militar para el brazo armado del CNA. En 1991, cuando los movimientos antiapartheid fueron legalizados, regresó a su país y murió dos años después.

Nación, el brazo armado del CNA.
Como comandante y fundador de *Umkhonto we Sizwe*, mejor conocido como MK, Nelson optó por las acciones de sabotaje contra objetivos del gobierno descartando los actos de terrorismo. A partir de este momento la gente lo conoció como la Pimpinela Negra por la Pimpinela Escarlata, personaje creado por la baronesa de Orczy que se dedicaba a salvar a los inocentes durante el período del Terror después de la Revolución Francesa. Nelson, la Pimpinela Negra, protegido por sus amigos, además de luchar en Sudáfrica viajó a otros países para pedir ayuda militar y para alertar a la comunidad internacional acerca de lo que estaba sucediendo en su país.

Tumba de Hector Pieterson. En su memoria, un museo del *apartheid* ubicado en Soweto lleva su nombre.

LIVES IN THE STRUGGLE FOR FREEDOM AND DEMOCRACY

Sharpeville y Soweto

El 21 de marzo de 1960 el Congreso Panafricano (CPA) convocó en Sharpeville una manifestación en contra de la ley de "pases de nativos". Se reunieron alrededor de 5.000 manifestantes frente a una estación de policía para ser arrestados por no llevar sus pases. Sin embargo, los policías abrieron fuego contra la multitud, dejando como resultado 68 muertos y 180 heridos (la mayoría por la espalda). La masacre de Sharpeville no sólo inició una serie de disturbios en todo el país, también llevó a la ONU a sancionar al gobierno sudafricano por violar los derechos humanos.

Posteriormente, el 16 de junio de 1976 se reunieron en Soweto casi 10.000 estudiantes de primaria y secundaria para protestar contra un decreto del gobierno que establecía que en las escuelas negras sólo podía hablarse afrikáans, no las lenguas autóctonas. La policía hizo frente a los manifestantes y varios niños murieron por heridas de bala, entre ellos, Hector Pieterson, de 12 años de edad. Tras la protesta hubo disturbios en Soweto y en todo el país que sólo pudieron ser controlados varios días después por el ejército. Las muertes ocurridas escandalizaron a todos los sudafricanos y al mundo, y la ONU impuso más sanciones al gobierno racista.

Vista de Soweto, uno de los bastiones en la lucha contra el *apartheid*.

Estatua de Nelson Mandela en Pretoria, capital administrativa de Sudáfrica.

El Estado contra Nelson Mandela

Al regresar de uno de sus viajes Nelson fue capturado y condenado a cinco años de cárcel por incitación a la huelga y por abandonar el país sin pasaporte, pues no pudieron probarle otros delitos... Sin embargo, en 1963, estando encarcelado, cayó el alto mando militar de Lanza de la Nación con la mala suerte de que la policía encontró en el allanamiento un plan para organizar una guerra de guerrillas. Se abrió otro juicio, conocido como "El Estado contra Nelson Mandela y otros" en el que los involucrados fueron juzgados por traición a la patria. Se pedía para ellos la pena de muerte. Nelson Mandela aprovechó la tribuna para dejar en claro que se les hacía un juicio político, alertando de ello a la opinión pública. Su alegato final no dejaba duda de la injusticia que se cometía y de la firmeza de sus ideales:

"He dedicado toda mi vida a la lucha del pueblo africano. He combatido la dominación blanca y he combatido la dominación negra. He acariciado el ideal de una sociedad democrática y libre en la que todas las personas convivan juntas en armonía y con igualdad de oportunidades.

Es un ideal por el que espero vivir y que espero alcanzar. Pero si es necesario, es un ideal por el que estoy dispuesto a morir". Nelson Mandela repitió despacio la última frase del alegato de su defensa: "Es un ideal por el que estoy dispuesto a morir". Se le condenó a cadena perpetua.

...I am prepared to die

This is virtually the complete text of the now famous speech in his defence by Nelson Mandela at the Rivonia Trial which ended in June 1964. Certain brief passages relating to the technical details of the defence have been omitted

A Christian Action Pamphlet
2nd Edition

Price one shilling and sixpence

"...Yo estoy preparado para morir". Discurso de Nelson Mandela durante su juicio. Este panfleto fue publicado en Londres para llamar la atención del resto del mundo sobre la segregación racial en Sudáfrica.

Madiba,
el prisionero 46664

Nelson Mandela fue encerrado en la cárcel de la Isla de Robben, ubicada a 11 kilómetros de Ciudad de El Cabo. "Bienvenido", le dijeron los guardias cuando lo recibieron: "Aquí vas a morir".

Desde que llegó allí fue reconocido como un líder por los demás prisioneros, que le dieron el nombre de Madiba, en honor a su clan. Además de su reputación como luchador, Nelson era dueño de una recia personalidad que impactaba tanto a sus compañeros como a sus adversarios. Su abogado Georges Bizos cuenta lo que vio en una de sus visitas: "Lo trajeron a la sala donde nos reuníamos con los presos. Mandela llegó escoltado por dos guardias delante, dos a cada lado y dos detrás. Lo increíble de Mandela es que nunca se comportó como un prisionero. Caminaba con la frente en alto y era él quien marcaba el paso a los escoltas. Cuando llegó me dijo en broma: Georges, permíteme que te presente a mi guardia de honor. Al menos uno de los policías no pudo esconder una sonrisa".

Pero en la cárcel recibió otra designación. Como todos los prisioneros, Nelson Mandela recibió un número, el 46664. Pero la prisión no significó el fin de su lucha sino un cambio de escenario. La cárcel pasó a reproducir el mundo exterior. El CNA creó su propia organización interna en la isla y Nelson Mandela fue nombrado presidente del grupo que, conformado por su amigo Walter Sisulu y otros dos compañeros, lideraba las acciones del partido en prisión.

Los presos se organizaron alrededor de sus líderes y la lucha por sus derechos. Derecho a comer mejor, derecho a descansar, derecho a conversar, derecho a vestirse como quisieran. Nelson Mandela lideró la protesta para que las autoridades cambiaran la camisa y los pantalones cortos, el uniforme de los prisioneros negros, por unos pantalones largos. Sin importar la edad, los negros en Sudáfrica eran considerados por los blancos como menores de edad, por lo que no podían usar pantalones largos. Pero él logró que cambiaran el uniforme y los reconocieran como hombres.

Nelson Mandela se libró más de una vez de castigos injustos por parte de los implacables carceleros gracias a que pedía el respeto de sus derechos amparándose en el reglamento interno de la cárcel.

Robben significa foca en afrikáans.
La isla de Robben está ubicada a 11 kilómetros
de Ciudad de El Cabo, en el Océano Indico,
allí había una tenebrosa cárcel.

Los derechos humanos

Durante el siglo XIX, después de la independencia de Estados Unidos y la Revolución Francesa, se fue afirmando la idea de que los ciudadanos gozaban de ciertos derechos inalienables, como tener una opinión, una religión, un trabajo o no ser discriminado por causa de su sexo, religión o raza. Que un derecho sea inalienable quiere decir que no se puede despojar de él a ninguna persona bajo ninguna circunstancia. Estos derechos inalienables son los llamados derechos humanos o derechos fundamentales.

Después de que la Alemania nazi asesinara a casi 6 millones de judíos en sus campos de concentración durante la Segunda Guerra Mundial, la Organización de las Naciones Unidas aprobó la Declaración Universal de los Derechos Humanos para evitar que se repitieran violaciones sistemáticas de estos derechos. Sin embargo, estas situaciones se han repetido en diferentes partes del mundo. Destacan los casos de Sudáfrica, que fue condenada por la ONU en 1964 por su política de discriminación racial; Australia, donde muchos hijos de aborígenes fueron separados de sus padres por el gobierno entre 1900 y 1970; y Yugoslavia, país donde el ejército intentó expulsar y eliminar a los yugoslavos de origen albanés residentes en la provincia de Kosovo en 1999.

En América Latina un ejemplo de violación de los derechos humanos es la célebre Operación Cóndor, llevada a cabo durante los años 70 por las dictaduras militares de Chile, Argentina, Brasil, Uruguay, Paraguay y Bolivia para secuestrar, torturar y asesinar a los políticos y guerrilleros de izquierda.

Abogado en la cárcel

Incluso en innumerables ocasiones, Mandela asistió legalmente a sus compañeros. Llegó a atender tantas consultas que estuvo a punto de colocar un cartel anunciando sus servicios en la entrada de su celda. Además, siempre insistía en el hecho de ser un preso de conciencia y que tenía que ser tratado como tal y no como un criminal. Pero no siempre fue así, pues la pena incluía trabajos forzados. No obstante, a pesar del maltrato, Nelson Mandela no conoció el odio. "El odio se aprende –escribió– y si es posible aprender a odiar, es posible aprender a amar, ya que el amor surge con mayor naturalidad en el corazón del hombre que el odio... la bondad del hombre es una llama que puede quedar oculta, pero que nunca se extingue". Algunos de sus más crueles carceleros tuvieron gestos de piedad

como aquel que compartió con él su comida o aquel otro que le permitió leer una carta personal sin que fuese mutilada por la censura.

Siendo un hombre constructivo, Nelson Mandela no sólo sembró un jardín en el erial de la cárcel, sino que se doctoró en Derecho por la Universidad de Londres. Trataba de mantenerse al día con las lecturas sorteando la rigurosa censura.

"En la cárcel –escribió en sus memorias– uno está frente a frente con el paso del tiempo. No hay nada más aterrador". Esa conciencia del tiempo, del que también era prisionero, no impedía que los años afuera se precipitaran y que los acontecimientos avanzaran de manera inexorable. Nada había cambiado en Sudáfrica, pero todo había empeorado.

La vida en la cárcel

A lo largo de la historia, los presos políticos y de conciencia han tenido que aprender a vivir de acuerdo con códigos y rutinas para resguardar su integridad moral y mental. En Robben, los prisioneros que compartían cárcel con Mándela seguían una inalterable rutina que incluía, además del trabajo y las horas de comida y de descanso, largas discusiones para ejercitar la memoria y el intelecto. Un tema desmenuzado por ellos durante años fue si los tigres eran o no originarios de África. Al mismo tiempo, se organizaron alrededor de sus líderes y sostuvieron una lucha por sus derechos. Derecho a comer mejor, derecho a vestirse como quisieran, derecho a descansar, derecho a conversar.

Venta de recuerdos en la isla de Robben. Estos recuerdos son fotografías tomadas a Mandela y los demás presos políticos. Después de la caída del gobierno racista, esta prisión fue convertida en un museo y en 1999 la Unesco la declaró patrimonio de la Humanidad.

Vista de la Universidad de Londres. Mandela estudió en prisión y obtuvo su doctorado en Derecho por correspondencia.

Un país con muchos idiomas

Sudáfrica es llamada la "nación arco iris" por la diversidad de razas y pueblos que conforman su población. Sin embargo, cada pueblo tiene una lengua y una herencia cultural diferentes. Por ejemplo, los bóers hablan afrikáans, idioma que proviene del holandés del siglo XVII que hablaban los colonos llegados de Holanda. Aunque este era el idioma que utilizaban en la vida diaria, el holandés se utilizaba en la escritura y los documentos oficiales hasta que el afrikáans fue declarado idioma oficial de Sudáfrica en 1925. Actualmente 6 millones de personas aprenden afrikáans como lengua materna. Cuando los británicos le arrebataron Sudáfrica a los holandeses, aquellos llevaron su idioma a las escuelas, los negocios y los asuntos oficiales. Aunque el afrikáans fue declarado como lengua oficial del país, el inglés siguió siendo muy importante durante el *apartheid*. Alrededor de 3,5 millones de sudafricanos hablan el inglés como lengua materna, pero, al igual que el afrikáans, muchas personas lo han aprendido como una segunda lengua.

Después de la caída del *apartheid*, las lenguas africanas experimentaron un gran resurgimiento gracias a la aparición de periódicos y emisoras de radio y televisión en esos idiomas. De hecho, las lenguas más importantes del país son autóctonas, el zulú y el xhosa. El zulú es la lengua materna del 25% de la población, aunque en realidad la habla alrededor del 50%. El segundo idioma más importante es el xhosa, el idioma del pueblo al que pertenece Nelson Mandela. Actualmente es la lengua materna de casi 8 millones de sudafricanos.

En la actualidad la Constitución sudafricana reconoce como idiomas oficiales, además de los ya mencionados, el swati, el ndebele, el sotho del Sur, el sotho del Norte, el tsonga, el tswana y el venda, 11 idiomas en total.

El dolor por los seres queridos

La segunda esposa de Nelson, Winnie, se encargó de mantener viva su memoria. Antes de ser hecho prisionero había tenido con ella dos hijas, que se sumaban a los cuatro que había tenido con Evelyn. Pero el inhumano régimen de la cárcel prohibía a Mandela tener contacto con su familia, sobre todo con Winnie que, hostigada por la policía, había radicalizado su lucha. En una ocasión, sin embargo, recibió la inesperada visita de su hermana Mabel, de su madre y de dos de sus hijos. No había vuelto a ver a su madre en años, de manera que este encuentro fue una despedida porque ese año ella murió.

Pero las malas noticias no vienen solas y unos meses más tarde murió también su hijo mayor,

Nadine Gordimer y John Maxwell Coetzee.

Sudáfrica ha dado al mundo artistas y científicos de primera línea, y varios de ellos han ganado el premio Nobel. Entre estos destacan Nadine Gordimer y John Maxwell Coetzee, premios Nobel de Literatura de 1991 y 2003 respectivamente. También sobresalen Allan Cormack, quien obtuvo el premio Nobel de Medicina en 1979 por sus aportes para el desarrollo de la tomografía, y Sidney Brenner, premio Nobel de Medicina en 2002, por sus investigaciones sobre cómo los genes regulan el desarrollo y la muerte de las células.

Thembi. Cuando Mandela recibió el telegrama fue a su celda y se tumbó en la cama. "Walter vino a mi lado y se arrodilló junto a mí. Le tendí el telegrama. Se limitó a cogerme de la mano sin decir nada. No se cuánto tiempo estuvo conmigo. No hay nada que un hombre pueda decir a otro en una circunstancia así". Mandela recordó la vez que sorprendió a su hijo mientras se ponía una de sus viejas camisas. Creyó ver, entonces, la misma chispa que había iluminado sus ojos cuando vistió las ropas de su padre para ir a la escuela, aquella primera vez en Qunu. En medio de su dolor tuvo conciencia de haber sacrificado el tiempo que pudo dedicar a su familia para poder atender las necesidades de su pueblo. De alguna manera dejó de ser padre de sus hijos para ser el "padre de la nación".

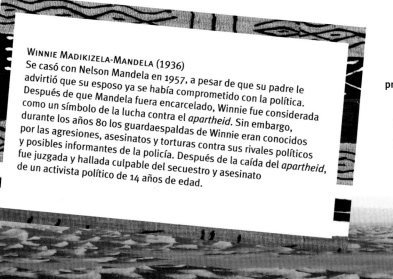

Winnie Madikizela-Mandela (1936)

Se casó con Nelson Mandela en 1957, a pesar de que su padre le advirtió que su esposo ya se había comprometido con la política. Después de que Mandela fuera encarcelado, Winnie fue considerada como un símbolo de la lucha contra el *apartheid*. Sin embargo, durante los años 80 los guardaespaldas de Winnie eran conocidos por las agresiones, asesinatos y torturas contra sus rivales políticos y posibles informantes de la policía. Después de la caída del *apartheid*, fue juzgada y hallada culpable del secuestro y asesinato de un activista político de 14 años de edad.

Reportajes sobre la proscripción de Winnie Mandela. Winnie fue obligada por la policía a permanecer en Johannesburgo. Por este motivo pasó mucho tiempo sin visitar a Nelson en prisión.

EL LARGO CAMINO HACIA LA LIBERTAD

Durante el siglo XX se desarrolló una batalla por la igualdad de los derechos de los ciudadanos sin importar el color de su piel. En esta lucha contra la discriminación y la segregación racial Nelson Mandela no estuvo solo. También participaron otros líderes que han sido portavoces de los oprimidos y que les han servido de inspiración en su largo camino hacia la libertad.

Desmond Tutu (1931)

Obispo anglicano, Premio Nobel de la Paz en 1984. Desde 1978 Tutu hizo campaña a favor de la igualdad de derechos para todos los sudafricanos, el establecimiento de un nuevo sistema de educación y el cese de la reubicación forzada de la población negra en los bantustanes. Durante el gobierno de Nelson Mandela Tutu presidió la Comisión de la Verdad y la Reconciliación que investigó las violaciones a los derechos humanos cometidas durante el *apartheid*.

Rosa Parks (1913-2005)

Activista contra la discriminación y la segregación racial en Estados Unidos. En 1955 fue arrestada en Montgomery, Alabama, por haberse negado a darle su puesto de autobús a un blanco, evento que llevó a la comunidad negra de esa ciudad a realizar un boicot al transporte público. La protesta duró poco más de un año, hasta que se estableció que la segregación racial en el transporte público era ilegal.

Medgar Evers (1925-1963)

Activista en pro de la igualdad de derechos de los negros en el estado de Mississippi, Estados Unidos. En 1954 trató de ingresar a la Escuela de Leyes de la Universidad de Mississippi, pero fue rechazado por ser negro a pesar de que la segregación racial en las escuelas y universidades era ilegal. Evers inició un movimiento de protesta en contra de esta universidad para que aceptara estudiantes negros, meta alcanzada en 1962.

Rigoberta Menchú (1959)

Activista guatemalteca contra la violación de los derechos humanos de los indígenas de su país. Premio Nobel de la Paz en 1992.
Después de participar en manifestaciones y huelgas, sus padres fueron asesinados por los militares y huyó a México en 1981. Allí denunció al ejército de Guatemala por las torturas y las desapariciones de miles de indígenas guatemaltecos.

Malcolm X (1925-1965)
Líder musulmán nacido en Estados Unidos.
Ingresó a la Nación del Islam,
un grupo extremista que reivindicaba
la separación de negros y blancos.
Abandonó esta organización y viajó
a diferentes países islámicos. Al ver la forma
en que los musulmanes de diferentes
razas se relacionaban pacíficamente, quedó
convencido de que los blancos no eran
enemigos de los negros; el enemigo
de estos últimos era el racismo.

**Martin Luther King Jr.
(1929-1968)**
Líder de la lucha en contra de la
segregación racial en Estados Unidos.
Premio Nobel de la Paz en 1968.
Dirigió un boicot contra la línea
de autobuses de Alabama, protesta
que logró eliminar la segregación racial en
el transporte público. King participó
en la famosa Marcha por trabajo
y libertad, realizada en Washington
durante 1963 y también se manifestó
en contra de la guerra de Vietnam
y de la injusticia social en su país.

Morales (1959)
icalista y político boliviano de origen
ara. Inició su carrera política en la
ración del Trópico, un sindicato de
ultores cocaleros. Los campesinos
tenían un enfrentamiento con
bierno boliviano, que intentaba
inar las siembras de coca, cultivada
ellos desde antes de la llegada
olón, y por los abusos de la policía
ejército. En 2005 se convirtió en
imer indígena elegido como
idente de la República.

César Chávez (1927-1993)
Sindicalista norteamericano de origen
hispano. Bracero desde su niñez, formó
un sindicato conformado por braceros
hispanos, Trabajadores del Campo Unidos
(TCU). Chávez ganó rápido apoyo del
público por sus métodos no violentos
de protesta, que llevaron a acuerdos entre
los productores y el TCU para ofrecer
a los braceros hispanos mejores
condiciones de empleo.

Albert Lutuli (¿1898?-1967)
Luchador contra la segregación racial
en Sudáfrica, presidente del Congreso
Nacional Africano y premio Nobel
de la Paz en 1961. Fue electo jefe de la tribu
zulú y se desempeñó en este cargo hasta
que fue depuesto por las autoridades
blancas por oponerse a las leyes racistas
del *apartheid*. Luego de ser elegido
presidente del CNA, las autoridades l
o proscribieron, impidiéndole salir de su
pueblo de residencia, donde vivió
confinado hasta su muerte.

**hatma Gandhi
(69-1948)**
andas Gandhi –mejor conocido como
atma ("alma grande")– nació en
bay, India. Fue abogado en Sudáfrica,
de sufrió los maltratos a que eran
etidos los hindúes. Esto lo llevó a
nizar el Congreso Nacional Indio
protestar de forma no violenta.
15 regresó a su tierra natal y
nvirtió en el líder del movimiento
exigía la independencia de India
ran Bretaña, la cual logró en 1947.

Libre al fin

En 1983, tras la revisión de la constitución de Sudáfrica, se creó una Presidencia Ejecutiva. Un año más tarde, Pieter Willem Botha, el Gran Cocodrilo, fue elegido Presidente de Sudáfrica. Durante la presidencia de Botha se corrió el rumor de que Nelson Mandela había enfermado de tuberculosis, por lo que se decidió trasladarlo a una cárcel menos dura donde comenzaron las negociaciones para su liberación. Al gobierno no le convenía que muriera en sus prisiones. En sus esfuerzos por doblegarlo, Botha tuvo la osadía de invitarlo a tomar el té en su casa. Pero Mandela rechazó todas las invitaciones y los ofrecimientos que se le hicieron para liberarlo a cambio de aceptar el cese de la lucha armada. Las nuevas elecciones generales las ganó otra vez el Partido Nacional, pero ahora por abrumadora mayoría. Por si fuera poco, la oposición no la ocupó el Partido Unido, como había sido tradición, sino el Partido Conservador, cuyos miembros pensaban que el gobierno era débil con los negros. A esas elecciones fueron convocados por primera vez los asiáticos y los hindúes. La discriminación de la población negra en los comicios levantó una ola de gran violencia. En 1989, Botha dimitió y su cargo en la presidencia del gobierno lo ocupó Frederik Willem de Klerk.

El nuevo Presidente se comprometió públicamente a trabajar por la paz y eso fue lo que hizo: legalizó los partidos y liberó a los presos políticos no incursos en casos de violencia. Faltaba liberar a Nelson Mandela y a los otros líderes implicados en la lucha armada. Nelson Mandela fue liberado el 11 de febrero de 1990. Ese día lo acompañó Winnie. Caminaron juntos hacia la salida de la cárcel. Cuando estuvo ante la multitud que lo esperaba levantó el puño de la mano derecha, el saludo de los partidarios del CNA. Entonces, escuchó un rugido. "No había podido hacer ese gesto en veintisiete años, y una oleada de fuerza y júbilo atravesó mis venas... cuando por fin crucé el portón para entrar a un coche que había al otro lado, sentí –aun a los setenta y un años de edad– que mi vida comenzaba de nuevo".

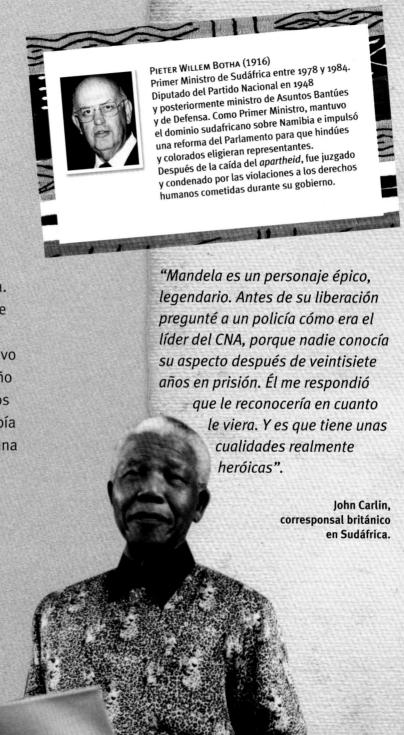

PIETER WILLEM BOTHA (1916)
Primer Ministro de Sudáfrica entre 1978 y 1984. Diputado del Partido Nacional en 1948 y posteriormente ministro de Asuntos Bantúes y de Defensa. Como Primer Ministro, mantuvo el dominio sudafricano sobre Namibia e impulsó una reforma del Parlamento para que hindúes y colorados eligieran representantes. Después de la caída del *apartheid*, fue juzgado y condenado por las violaciones a los derechos humanos cometidas durante su gobierno.

"Mandela es un personaje épico, legendario. Antes de su liberación pregunté a un policía cómo era el líder del CNA, porque nadie conocía su aspecto después de veintisiete años en prisión. Él me respondió que le reconocería en cuanto le viera. Y es que tiene unas cualidades realmente heroícas".

John Carlin,
corresponsal británico
en Sudáfrica.

Negociaciones por la paz

Cuando Nelson Mandela fue liberado la situación de Sudáfrica era muy difícil. Debido al aislamiento internacional, el país atravesaba una aguda crisis económica que afectaba especialmente a los más pobres. La injusticia iba de la mano de la violencia, de manera que las manifestaciones eran cada vez más sangrientas, aun entre hermanos. A los actos terroristas de la extrema derecha blanca se sumaba la acción criminal de los miembros de Inkatha, un grupo de mayoría zulú, en contra de los miembros de CNA, de mayoría xhosa.

Nelson Mandela estaba consciente del horror que se había desatado. Las primeras frases de su discurso a su salida de la cárcel fueron conciliatorias: "Amigos, camaradas y simpatizantes de Sudáfrica, los saludo en nombre de la paz, la democracia y la libertad para todos". A pesar de que pidió mantenerse en la lucha y seguir hasta lograr la ansiada libertad, Mandela reconoció los esfuerzos de De Klerk. De la determinación de Mandela dependía que la nación no se desangrara, él era el único que podía contener la violencia. Las negociaciones para lograr el derecho al voto y la abolición del *apartheid* se sostuvieron en medio de un clima de violencia nunca visto. Durante las reuniones

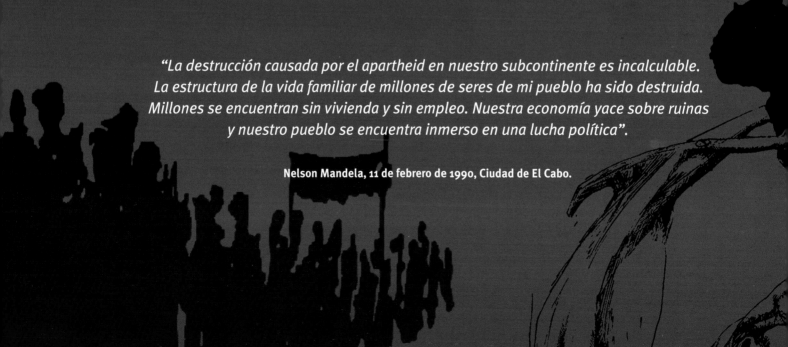

"La destrucción causada por el apartheid en nuestro subcontinente es incalculable. La estructura de la vida familiar de millones de seres de mi pueblo ha sido destruida. Millones se encuentran sin vivienda y sin empleo. Nuestra economía yace sobre ruinas y nuestro pueblo se encuentra inmerso en una lucha política".

Nelson Mandela, 11 de febrero de 1990, Ciudad de El Cabo.

con los representantes del gobierno, con los miembros del comité ejecutivo del CNA, con los dirigentes de Inkhata, Nelson Mandela se manejó con cautela, cediendo cuando tuvo que hacerlo y manteniéndose firme cuando hizo falta.

En junio de 1991, durante la primera convención del CNA en territorio sudafricano después de 30 años de prohibición, declaró que la lucha no había terminado y que las propias negociaciones eran parte de la lucha. Finalmente, el brazo armado del CNA entregó las armas y todos los presos políticos fueron liberados. El 17 de marzo de 1992, convocado por De Klerk, se celebró un referéndum dirigido solo a la población blanca.

El 69 por ciento de las personas consultadas votó a favor de las negociaciones.

En abril de ese mismo año, Mandela se separó de Winnie. "La madre de África", como se la llamaba, había sido acusada de participar en un turbio asesinato político. El líder no quiso entrar en polémica y para evitar las especulaciones hizo pública una carta en la que reconocía los muchos sacrificios y la entrega de Winnie a la causa que compartían. "Me separo de mi esposa sin la menor recriminación, la abrazo con todo el amor que he sentido por ella dentro y fuera de la cárcel, desde el mismo momento en que la conocí. Damas y caballeros, espero que comprendan el dolor que he sufrido".

GATSHA BUTHELEZI (1928)
Fundador del movimiento Inkatha y jefe de la tribu buthelezi. Se opuso al sistema de bantustanes, pero en 1972 fue elegido primer ministro del bantustán de KwaZulu y rechazó su independencia completa, pues consideraba que desde dentro de Sudáfrica podría combatir el *apartheid*. El CNA lo acusó de cooperar con el gobierno blanco, lo que produjo una guerra entre este partido e Inkhata. Fue señalado por la Comisión de la Verdad y la Reconciliación como responsable de los 14.000 muertos que dejó esta confrontación. Buthelezi fue nombrado ministro del Interior cuando Nelson Mandela asumió la presidencia de Sudáfrica.

FREDERIK WILLEM DE KLERK (1936)
Presidente de Sudáfrica entre 1989 y 1994. Diputado del Partido Nacional en 1972, posteriormente dirigió varios ministerios durante el gobierno de Botha. Después de ser elegido Presidente, legalizó al CNA y liberó a Nelson Mandela y a los demás presos políticos. De Klerk y Mandela condujeron las negociaciones para abolir el *apartheid* y celebrar las primeras elecciones no racistas de Sudáfrica. Fue ministro del Gobierno de Unidad Nacional, presidido por Mandela. Se retiró de la política en 1997.

"Una vida mejor para todos"

El punto más difícil en las negociaciones era someter el destino de los blancos a la voluntad de la mayoría. "Simple y llanamente –escribió Nelson Mandela– los blancos se sentían incapaces de atravesar ese puente"... Pero siguieron avanzando hasta que el 26 de septiembre de 1992, F. W. de Klerk y Nelson Mandela firmaron un documento en el que el gobierno aceptaba la convocatoria a una asamblea constituyente que redactaría una nueva constitución. Joe Slovo, Secretario General del CNA, propuso la idea de un gobierno de unidad nacional de cinco años de duración.

Con sensato pragmatismo Slovo y Mandela pensaron que necesitarían el apoyo de parte de la administración existente para poder gobernar al país. Un foro que congregó a todos los partidos políticos sudafricanos fijó la fecha para las primeras elecciones nacionales no racistas. Ese mismo año, en 1993, Mandela y De Klerk compartieron el Premio Nobel de la Paz, el mismo galardón que habían recibido el jefe Albert Luthuli y Desmond Tutu.

La campaña del CNA para las elecciones de 1994 se concentró en el futuro, en el pasado solo había odio y dolor. La política del *apartheid* había creado una herida profunda en Sudáfrica y se necesitarían muchos años y generaciones para poder recuperarse. El lema escogido para la campaña expresaba lo que Nelson Mandela quería: "Una vida mejor para todos".

El 27 de abril de 1994 votaron cerca de 20 millones de personas y la mayoría lo hizo por primera vez. El CNA obtuvo el 62% de los votos, suficientes para ocupar 252 de los 400 escaños de la Asamblea Nacional. Al formar su gobierno, Nelson Mandela se propuso

GRAÇA MACHEL (1945)
Fue ministra de Educación de Mozambique y se ha dedicado a proteger a los niños y mujeres víctimas de la guerra. Estuvo casada con Samora Machel, líder en la lucha por la independencia de Mozambique y primer Presidente de esa República. Después de la muerte de su primer esposo, dirigió la Comisión de Altos Estudios de las Naciones Unidas sobre el Impacto de los Conflictos Armados en la Infancia. Se casó con Nelson Mandela en 1998.

predicar la reconciliación, curar las heridas del país, y engendrar fe y confianza, también a las temerosas minorías.

La toma de posesión del gobierno fue el 10 de mayo de 1994. De Klerk prestó juramento como segundo Vicepresidente, Thabo Mbeki como primer Vicepresidente y Nelson Mandela como Presidente. Pudo ondear entonces la bandera de Sudáfrica: negra, roja, verde, azul y dorada, y sonar los dos nuevos himnos del país-arco iris, como lo había bautizado Tutu. La plegaria religiosa *Nkosi Sikelel iAfrica* fue interpretada por un coro de cantantes blancos, mientras que un coro de cantantes negros interpretó *Die Stem van Suid Afrika*, el viejo himno de la república sudafricana.

Después de tres años en la Presidencia, Nelson Mandela, previendo su retiro, renunció a la presidencia del CNA, cargo que ocupará Thabo Mbeki en 1999. Posteriormente, al cumplir su período presidencial y con 80 años de edad, Nelson Mandela se sintió libre para retirarse de la carrera política y para casarse de nuevo, esta vez con Graça Machel, una viuda de 53 años.

"No me llamen, yo los llamaré"

Mandela no nació con "hambre de libertad", nació libre. Su legado a la humanidad es un invalorable ejemplo de entereza, generosidad, valentía y tenacidad. Con su primer nombre, Rolihlahla, el revoltoso, el que quiebra la rama de un árbol, su padre tal vez intuyó algo del carácter que haría posible su grandiosa hazaña. Su nuevo nombre, con el que ha pasado en vida a la posteridad, para muchos significa Libertad. Y en efecto, la libertad inspiró e impulsó la larga marcha que emprendió siendo un estudiante: al sentir que la libertad le había sido arrebatada, comenzó a añorarla. Sin cansancio y sin temor buscó ser libre para dormir donde quisiera, para leer los libros que pudiera, para ir por el país sin que nadie se lo impidiera. Luego, como profesional, pretendió casarse, tener una familia, vivir su vida respetando la ley.

Al regresar a Qunu, donde están enterrados sus padres y donde transcurrió su infancia, encontró, además de las huellas de un niño que había sido feliz, las marcas de la pobreza y lo que todavía queda por hacer. Allí construyó una casa.

Sin embargo, no descansa del todo, pues siente que no ha terminado de recorrer su largo camino hacia la libertad: "La verdad es que aún no somos libres –afirma– sólo hemos logrado la libertad de ser libres, el derecho a no ser oprimidos".

"Nosotros sostenemos como un principio inviolable que el racismo debe ser combatido con todos los medios que la humanidad tenga a su alcance".

Nelson Mandela, discurso ante Naciones Unidas, 22 de junio de 1990.

Una nueva lucha

Después de retirarse de la política, Nelson Mandela consideró que también debía participar en la lucha contra el Síndrome de Inmunodeficiencia Adquirida (SIDA) en su país, a través de la Fundación Nelson Mandela. Esta institución ha iniciado en toda Sudáfrica una campaña informativa sobre cómo prevenir la enfermedad y cómo cuidar a los enfermos con el Virus de Inmunodeficiencia Humana (VIH), además de suministrar medicinas a los pacientes de escasos recursos. Sin embargo, la familia Mandela ha sido tocada por este mal del mismo modo que muchos sudafricanos: el 7 de enero de 2005, Nelson Mandela anunció que Makgatho Mandela, uno de sus hijos, murió a causa del SIDA.

La infección causada por el VIH es una enfermedad incurable que destruye el sistema inmunológico. Cuando este mal ha alcanzado su última etapa recibe el nombre de SIDA. Detectada en los años 80, la infección con VIH afecta a alrededor de 40 millones de personas en todo el mundo, de las cuales la mayoría (26 millones) residen en el África subsahariana. De todos los países de esta región, Sudáfrica es el que tiene el mayor número de personas con VIH: 5,3 millones, y según las estadísticas de este país, 1 persona de cada 10 sufre de esta enfermedad.

Cronología

1918 El 18 de julio nace Rolihlahla Dalibhunga Mandela en el pueblo de Mvezo, Transkei, Sudáfrica.

1919 Gadla Henry Mphakanyiswa, padre de Rolihlahla, pierde su cargo como jefe de su comunidad. La familia se separa y la madre de Rolihlahla junto con sus otros hijos se mudan a Qunu.
En 29 ciudades de Estados Unidos, veteranos negros de la Primera Guerra Mundial protestan por el reconocimiento de sus derechos civiles. Las protestas se convierten en disturbios cuando estos grupos son atacados por racistas blancos.

1927 Muere Gadla Henry Mphakanyiswa y Rolihlahla pasa al cuidado de Jongintaba Dalindyeb, rey de los thembu. Rolihlahla debe mudarse de Qunu a Mqhekezweni, el "Gran Lugar".

1938 Nelson, anteriormente Rolihlahla, se gradúa en la escuela metodista de Healdtown. Luego comienza a estudiar en el College de Fort Hare, pero es expulsado de allí cuando participa en una protesta estudiantil.

1941 Nelson y Justice, hijo del rey de los thembu, rechazan el casamiento que el rey Dalindyeb ha arreglado para ellos y deciden escapar del compromiso viajando a Johannesburgo. En esta ciudad Nelson conoce a Walter Sisulu, quien le consigue trabajo en un bufete de abogados.

1943 Nelson se inscribe en la Universidad de Witwatersrand (Wits) para estudiar Derecho. También se hace activista del Congreso Nacional Africano (CNA).

1944 Nelson, junto a sus amigos Oliver Tambo y Walter Sisulu, crea la Liga de la Juventud del CNA. Ese mismo año Nelson se casa con Evelyn Mase. Balthazar Vorster, quien llegará a ser Primer Ministro de Sudáfrica, abandona la prisión. Había sido encarcelado por oponerse a que Sudáfrica apoyara a Gran Bretaña durante la guerra.

Soldado negro de la Primera Guerra Mundial.

1945 Nace Thembi, el primer hijo de Nelson y Evelyn. Posteriormente, la pareja tendrá dos hijas más, las cuales no sobrevivirán a la infancia.

1948 Nelson es elegido Secretario Nacional de la Liga de la Juventud del CNA. El Partido Nacional llega al poder en Sudáfrica. El nuevo Presidente, Daniel François Malan, establece una política de segregación y discriminación de la población no blanca conocida como *apartheid*.

1950 Nace Makgatho, el segundo hijo de Nelson y Evelyn. El gobierno sudafricano clasifica a los ciudadanos según su raza. La recién aprobada Ley de Áreas para los Grupos establece que los blancos y los negros deben vivir separados.

1951 La Liga de la Juventud del CNA y el Congreso Indio de Sudáfrica organizan una huelga. Nelson es elegido presidente del CNA en Transvaal y uno de los vicepresidentes del partido.

1952 El Congreso Nacional Africano emprende su Campaña de Desafío de las Leyes Injustas. Nelson es arrestado por ser el líder de la campaña, pero tras dos días en la cárcel sale libre.

1954 Nace Makaziwe, la tercera hija de Nelson y Evelyn. La Corte Suprema de Estados Unidos establece que la segregación racial en el sistema educativo norteamericano es inconstitucional.

1955 Nelson impulsa la celebración del Congreso de los Pueblos para solicitar la igualdad de derechos para todos los ciudadanos de Sudáfrica. Durante el Congreso se aprueba la Constitución de la Libertad, en la que se afirma que "Sudáfrica pertenece a todos los que viven en ella". Rosa Parks es arrestada en Montgomery, Alabama, por negarse a ceder su asiento de autobús a un blanco.

DANIEL FRANÇOIS MALAN

Tras ser arrestada, un oficial toma las huellas dactilares de Rosa Parks.

1956 Nelson es arrestado junto a otros 155 activistas acusados de conspiración y traición a la patria. Aunque el juicio dura cuatro años Nelson sale en libertad. La Corte Suprema de Estados Unidos determina que la segregación racial en el transporte público es inconstitucional.

1957 Nelson conoce a Nkosikazi Nonzamo Winnifred Madikizela, Winnie, con quien se casará un año después.

1958 Nelson y Winnie se casan. Un año más tarde nace su hija Zanani.

1960 Nace Zindzi Mandela, hija de Nelson y Winnie. La policía abre fuego contra una multitud que protesta, en la localidad de Sharpeville, contra la Ley del Pase.

1961 Nelson organiza *Umkhonto we Sizwe*, Lanza de la Nación, el brazo armado del CNA. Comienzan los ataques contra edificios e instalaciones del gobierno en Durban, Johannesburgo y Ciudad de El Cabo. Tras un referéndum la Unión Sudafricana se convierte en la República de Sudáfrica, abandonando la Commonwealth.

1962 A pesar de tener prohibida la salida del país, Nelson se dedica a viajar por África en busca de dinero, armas y apoyo para la lucha contra el *apartheid*. Incluso llega a ir hasta Inglaterra en busca de ayuda para su causa.

1964 De regreso en Sudáfrica, Nelson es arrestado por la policía, enjuiciado por sabotaje y traición, y sentenciado a cadena perpetua. Nelson es trasladado a la prisión de la isla de Robben. En Estados Unidos se promulga la Ley de los Derechos Civiles, que prohíbe la segregación racial en el sistema educativo, el transporte, las instituciones públicas y el mercado laboral.

Rosa Parks viajando en autobús.

Celda de Mandela en la Isla de Robben.

Campaña por la liberación de Mandela.

FREEDOM

1968 Muere la madre de Nelson. Él solicita permiso para asistir al funeral pero le es denegado. Poco tiempo después su hijo Thembi muere en un accidente tránsito y tampoco le es permitido asistir al funeral.
En Memphis, Tennessee, es asesinado Martin Luther King por un francotirador.

1976 Nelson recibe una oferta para su liberación: si aceptaba reconocer como legítimo el bantustán del Transkei, su lugar de nacimiento, y estaba dispuesto a residir allí, entonces sería liberado. Nelson rechazó la propuesta.
Campaña por la liberación de Mandela.

1982 Nelson es trasladado de la isla de Robben a la prisión de Pollsmor en Ciudad de El Cabo.

1985 El presidente P. W. Botha le ofrece a Nelson la libertad a cambio de que rechace el uso de la violencia como instrumento político. Zindzi Mandela lee la respuesta de Nelson al ofrecimiento de Botha delante de una multitud reunida en un estadio en Soweto. Después de veinte años sin poder escuchar las palabras de Nelson, la multitud oyó cómo él rechazaba la propuesta de Botha.

1986 Funcionarios del gobierno comienzan a visitar a Nelson en la prisión de Pollsmoor. Nelson da su primer paseo en auto después de veinticuatro años.

1988 Nelson enferma de tuberculosis y es trasladado a la prisión de Victor Verster. Allí vive en una casa con jardín, piscina y un cocinero personal.
En el estadio Wembley, Inglaterra, se celebra un concierto para celebrar los 70 años de vida de Nelson. Los gobiernos del mundo abogan por su liberación.

1989 Nelson le solicita al presidente Botha la liberación de todos los presos políticos. Ese mismo año, Botha es sustituido en la presidencia por F. W. de Klerk.

1990 Cediendo a la presión, F. W. de Klerk permite que los partidos políticos funcionen legalmente y libera a todos los prisioneros políticos, entre ellos a Nelson. Luego de veintisiete años en prisión, Nelson se encuentra con un nutrido grupo de personas en el centro de Ciudad de El Cabo. El CNA y el Partido Nacional inician conversaciones para el establecimiento de una democracia multirracial.

Protesta estudiantil en los años sesenta en Texas por los derechos de los Mexicano-Americanos.

P.W. Botha

F.W. de Klerk

1992 Nelson se divorcia de Winnie después de que ha sido encontrada culpable de rapto y agresiones.

1993 Nelson y De Klerk reciben el Premio Nobel de la Paz.

1994 Nelson vota por primera vez en su vida y es elegido Presidente en las primeras elecciones multirraciales de Sudáfrica.

1998 Nelson se casa con Graça Machel. Winnie Mandela es denunciada en la Comisión de la Verdad y Reconciliación de Sudáfrica por su participación en torturas, golpizas y asesinatos realizados por sus guardaespaldas.

1999 Nelson termina su período como residente de Sudáfrica y presidente del CNA.

2000 Segundas elecciones multirraciales de Sudáfrica. Participan el CNA, la Alianza Democrática (formada por el Partido Democrático, el Nuevo Partido Nacional y la Alianza Federal) y el partido Inkatha. Nelson actúa como mediador en la guerra civil de Burundi.

2001 A Nelson se le diagnostica cáncer de próstata. El 11 de septiembre cuatro aviones de pasajeros secuestrados por extremistas musulmanes se estrellan contra las Torres Gemelas de Nueva York y el Pentágono, Washington, dejando un gran número de víctimas.

2003 Winnie Madikizela, ex esposa de Nelson, es condenada a cinco años de prisión.

2005 Makgatho Mandela muere de SIDA. Nelson organiza un concierto, denominado 46664, para recaudar fondos para la lucha contra la epidemia de SIDA en África.

Placa conmemorativa puesta por el presidente Nelson Mandela por la masacre de Sharpeville.

Ataque del 11 de septiembre de 2001.

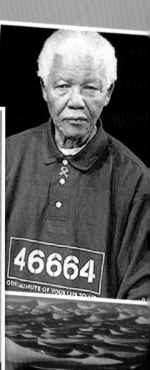

Bibliografía

Bertaux, Pierre. *África, desde la prehistoria hasta los años sesenta. Historia Universal* (volumen 32). Madrid: Siglo XXI, 1994.

Biblioteca Ayacucho. *Cronología 900 a. C.-1992 (2vv)*. Caracas: Biblioteca Ayacucho, 1992.

Mandela, Nelson. *Intensifiquemos la lucha*. Caracas: Editorial Nueva Sociedad, 1991.

_____. *El largo camino hacia la libertad*. Madrid: Punto de Lectura, 2004.

Plaza & Janés Editores. *Crónica del siglo XX*. España: Plaza & Janés Editores, 1999.

Documentos electrónicos recomendados

Internet permite ir a lugares a los que muchas veces no se tiene la oportunidad de llegar por otros medios. Esta es una selección de algunos sitios electrónicos que pueden ayudar a ampliar la información ofrecida en este libro.

Página Oficial de Nelson Mandela (www.nelsonmandela.org)

Sitio oficial de la Fundación Nelson Mandela, permite conocer el legado de este gran líder, leer sus discursos más recientes en formato PDF y visitar una biblioteca que guarda numerosas imágenes de él. Este sitio también ofrece información sobre las actividades y programas de la fundación, entre los que destaca la lucha contra el VIH/sida. En inglés.

Congreso Nacional Africano (www.anc.org.za)

La página de este partido brinda numerosa y variada información: se puede saber qué es el CNA, qué hacer para formar parte del partido; leer conferencias, discursos y reportes relacionados con Sudáfrica, su política e historia; ver fotografías y mapas, y enlazarse con otros sitios que el Congreso Nacional Africano mantiene en Internet. En inglés.

Organización de Naciones Unidas (www.un.org/spanish)

La página de la ONU permite conocer los programas de la organización y sus actividades en las más diversas áreas. Hay información sobre la situación de muchos países aquejados por graves problemas y se pueden leer documentos, proyectos y resoluciones de la ONU sobre distintos asuntos. En español, inglés, francés, árabe, chino y ruso.